Tobias Kirchhof / Anette Kotnik / Niklas Kreppel /
Kerstin Offermann / Helke Ricker

Gutes erleben
Segen entdecken im
diakonischen Alltag

Tobias Kirchhof / Anette Kotnik / Niklas Kreppel /
Kerstin Offermann / Helke Ricker

Gutes erleben

Segen entdecken im diakonischen Alltag

Arbeitsbuch

midi
Kraftquellen

neukirchener

Vorwort

Liebe Fortbildner*innen in der Diakonie, Caritas und anderen christlichen Sozialwerken,

mit dem zweiten Band der Reihe midiKraftquellen wollen die „Arbeitsstelle für missionarische Kirchenentwicklung und diakonische Profilbildung“ (midi) und das Autor*innenteam das Anliegen des ersten Bandes fortsetzen. Außerdem haben wir die Reihe weiterentwickelt und ergänzt, was Sie schon am Format dieses Bandes erkennen können. Neben dem Begleitheft für die Teilnehmenden haben wir dieses Mal noch eine Postkartenserie entworfen, die Sie unter dem Titel „Der Herr ist mein Hirte – Neue Blicke auf Psalm 23“ im Online-Shop der Diakonie unter www.shop.diakonie.de bestellen können.

Unverändert gilt aber, dass wir eine diakonische Grunderfahrung ins Zentrum der diakonischen Fortbildung stellen und diese mit einem passenden Bibeltext zusammenbringen. In diesem Jahr war es uns wichtig, das Positive und Sinnhafte der sozialen bzw. diakonischen Arbeit zu thematisieren. Damit soll der vorliegende Band auch ein Beitrag sein, gegen das öffentliche schwierige Image der sozialen Berufe zu argumentieren. So ist der Titel „Gutes erleben – Segen entdecken im diakonischen Alltag“ entstanden. Wir sind davon überzeugt, dass kein anderer Berufszweig so viel Gutes schafft und gleichzeitig auch so viele Möglichkeiten bietet, Gutes zu erleben, wie der der vielfältigen diakonischen Arbeit. Dem haben wir Raum gegeben und dazu Psalm 23 ausgewählt. Für uns beschreibt er exemplarisch, was Gott für uns Gutes vorgesehen hat und was wir mit und durch ihn an Gutem erleben können.

Damit wollen wir einen weiteren Beitrag zur diakonischen Profilbildung leisten. Denn die bewusste Thematisierung der religiösen bzw. christlichen Dimension in der diakonischen Arbeit ist auch eine Wertschätzung der Mitarbeiter*innen. Sie bietet die Möglichkeit, dass Kolleg*innen über die sinnhafte und transzendente Dimension ihrer Arbeit miteinander ins Gespräch kommen und in ihrer persönlichen Deutung gesehen und respektiert werden. Das wiederum kann dazu führen, dass die neu gewonnenen positiven Wahrnehmungen in das Selbstbild integriert und in der Arbeit spürbar werden.

So wünschen wir Ihnen mit diesem Band, dass Sie in Ihren Fortbildungen nicht nur Gutes thematisieren, sondern auch Gutes erleben. Wir freuen uns auf Ihre Rückmeldungen unter info@mi-di.de und grüßen Sie herzlich, Ihre

Tobias Kirchhof, Anette Kotnik, Niklas Kreppel, Kerstin Offermann, Helke Ricker

Berlin, den 10. Januar 2023

Inhaltsverzeichnis

Einleitung

„Gutes erleben – Segen entdecken im diakonischen Alltag", unter diesen Titel haben wir Band 2 der midiKraftquellen gestellt. Ziel dieses Fortbildungsangebots für Diakonie und andere christliche Dienstgeber*innen ist es, das Gute, das in der Arbeit mit Menschen geschieht, zu erkennen, zu benennen und daraus Motivation für die eigene Arbeit, aber auch für das eigene Leben zu ziehen.

Schaut man sich die Themen an, mit denen Soziale Arbeit in den Medien, aber auch in privaten Diskursen verbunden wird, so sind diese überwiegend negativ konnotiert. Meist ist von schlechten Arbeitsbedingungen, geringem Gehalt, zu wenig Personal und mangelnder gesellschaftlicher Anerkennung die Rede. Mögen diese Zuschreibungen auch teilweise stimmen, so ist der Imageschaden, den sie für das Berufsbild anrichten, gravierend.

Dabei ist die Arbeit mit Menschen eine, in der man täglich Sinn erkennen kann und in der sich – allem Leid zum Trotz – viel Gutes ereignet. Dieses Gute soll Raum und Anerkennung finden und die Mitarbeiter*innen in den diakonischen Berufen in ihrem Selbstwert und ihrer Zufriedenheit unterstützen.

Biblisch haben wir dieser Grunderfahrung des Guten und des Gelingens in der Arbeit mit Menschen Psalm 23 zur Seite gestellt. Daran kann deutlich werden, was das Gute ist, das wir als Menschen erleben und erfahren dürfen und das wir, so wir daran glauben, Gott verdanken.

Die vorgeschlagenen Fortbildungen sollen Mitarbeiter*innen in diakonischen Berufen miteinander darüber ins Gespräch bringen. Mitarbeiter*innen nichtchristlichen Glaubens oder ohne eigene Religiosität sind explizit mitgemeint und eingeladen. Ihre guten Erfahrungen und Erfahrungsinterpretationen bilden einen wichtigen und gleichwertigen Baustein in der Diskussion und im gegenseitigen Verstehen.

Folgende Dinge sind für Band 2 neu entwickelt worden:

- Das Arbeitsbuch hat ein neues Format bekommen. So ist es einfacher für Sie, mit diesem zu arbeiten, besonders was die Fortbildungsvorschläge in Kapitel 2 betrifft.
- Das Begleitheft für die Teilnehmenden ist bunter geworden und damit ansprechender. Auf längere Textblöcke haben wir verzichtet. Zu beziehen ist es beim Neukirchener Verlag unter der ISBN 9783761568880.
- Ergänzend zu Arbeitsbuch und Begleitheft haben wir eine Postkartenserie zu Psalm 23 entwickelt, die Sie gern in den Fortbildungen verwenden können. Sie heißt „Der Herr ist mein Hirte – Neue Blicke auf Psalm 23" und kann im Online-Shop der Diakonie www.shop.diakonie.de bestellt werden.
- Das vielleicht Wichtigste: Neben den Ganztagesformaten haben wir diesmal auch Kurzformate entwickelt. Diese können verwendet werden, wenn Sie nur einen halben Tag oder weniger Zeit haben. Diese Kurzformate sind teilweise inklusiv und können für Mitarbeiter*innen und Klient*innen verwendet werden. Damit wollen wir die Zusammengehörigkeit als diakonische Dienstgemeinschaft dieser beiden Zielgruppen stärken und einen Beitrag zur Inklusion in der Diakonie leisten. Wenn Ihre Teilnehmenden möglicherweise keinen unmittelbaren Bezug zu Psalm 23 haben, so jedoch zur Überschrift „Gutes erleben". Vielleicht stellen sie ja dennoch eine Verbindung zu Psalm 23 her und profitieren von dem Bibeltext.
- Außerdem finden Sie einen großen Teil der Materialien zum Download auch unter www.mi-di.de/themen/kraftquellen

Zur Weiterentwicklung der Reihe sind wir sehr an Ihren Erfahrungen, Meinungen und Ergänzungen interessiert. Daher würden wir uns über eine Rückmeldung von Ihnen unter info@mi-di sehr freuen. Wir wünschen Ihnen für die Umsetzung viel Gutes, Gewinn und Gottes Segen,

Ihr Kraftquellen-Team

Teil 1 – Annäherungen

Gutes erleben – Die diakonische Situation

„Zwei mal drei macht vier, widewidewitt und drei macht neune" – Sie erinnern sich, Pippi Langstrumpf: Das Pferd im Wohnzimmer, die Füße auf dem Kopfkissen und mit einem Stück Gold die Taschen voller Süßigkeiten. Die einengenden Regeln der Erwachsenenwelt werden zugunsten von Freiheit und Glück kurzerhand aus den Angeln gehoben. „Ich mach' mir die Welt widewide wie sie mir gefällt." – Kinderglück. Doch, kaum gesungen, pfeift uns unser Erwachsenen-Ich zurück: Papperlapapp! Widewidewitt! Die wahre Welt sieht anders aus, erst recht in der diakonischen Perspektive. Wir tragen Verantwortung, wir haben unsere Aufgaben, die damit verbundenen Notwendigkeiten takten den Tag. Da kommen wir nicht raus. Das Schicksal vieler Menschen, die wir begleiten, lehrt uns: Wir haben eben nicht alles in der Hand. Glück und Widewidewitt sind nicht machbar, Gesundheit ist nicht verfügbar.

Und doch heißt es in der Bibel: „Wenn ihr nicht werdet wie die Kinder, werdet Ihr nicht ins Reich Gottes eingehen." (Mk 10,15).

Psychologen, Neurowissenschaftlerinnen und Mediziner haben in der Glücksforschung Anhaltspunkte gefunden, die belegen, dass wir unser Glück zu einem nicht geringen Prozentsatz eben doch in der Hand haben,[1] nämlich in der Weise, wie wir das Urteil fällen, wenn wir unser Leben betrachten. Das Glas, ist es halb voll oder halb leer? Unser Leben, ist es Segen oder Fluch? Je nach Betrachtungsweise gehen die Mundwinkel nach oben oder nach unten.

---

1 Vgl. Ruckriegel, Karlheinz, Fakultät Betriebswirtschaft TH Nürnberg, 30.12.2016, https://www.positivepsychologie.eu/sites/default/files/gluecksforschung_auf_den_punkt_gebracht.pdf. vom 05.07.2021

Gerade im diakonischen Kontext stellt sich die Frage: Welche Lieder singen wir? Lieder von Freiheit und Leichtigkeit und Glück oder solche von Gefahr und Sorge und Unglück? Die Psalmen sind Lieder und sie singen von beidem. Der von uns ausgewählte Psalm 23 birgt all diese Gefühle und Dimensionen in sich, und bleibt dabei ein Lied der Freude und des guten Lebens.

Das biblische Verständnis vom Reich Gottes – „Wenn ihr nicht werdet wie die Kinder" – redet davon, dass sich die Verheißung bereits im Hier und Jetzt auswirkt. „Das Reich Gottes ist mitten unter uns" (Lk 17,21). Geschenkt und unabhängig von allen unseren alltäglichen Zwängen.

Die diakonische Arbeit bietet unendlich viele Situationen, in denen Gutes erlebt wird: Da ist die grundsätzliche Nähe zu anderen Menschen, die gut tut, die Erfahrung von Tragen-Können und Getragen-Werden, vom Überschreiten von Grenzen, vom Glück, Sinnvolles zu bewirken, das Staunen über die alltäglichen Wunder und eine große Dankbarkeit für das Leben. Segen. Gutes erleben. Gott sei Dank.

Gottes Urteil über das Leben nach jedem Schöpfungstag lautet: „Und siehe, es ist sehr gut". Das Gute lässt sich schöpferisch, lässt sich kreativ gestalten. „Ich mach' mir die Welt, widewide wie sie mir gefällt." Sehr gut. Kreativität hat so aber wenig mit naiver Realitätsleugnung zu tun, sondern mit der handfesten Überzeugung, den richtigen Blickwinkel zu wählen: Das Glas halb voll und nicht halb leer, das Leben Segen und nicht Fluch. Der Mensch bleibt immer Mensch vor Gott. Sehr gut.

Wenn wir das Gute sehen, das wir erleben, setzt dies jede Menge Energien frei, Leben zu gestalten. Und wenn dabei zwei mal drei vier ergibt, ist es genau richtig – kreativ. Gott schreibt auch auf krummen Linien gerade.

Gutes erleben – Freude und Glück aus psychologischer Sicht

Die Psychologie hat mit Freude „nichts am Hut" – zu dem Schluss kann man kommen, da der Schwerpunkt psychologischer Forschung auf dem liegt, was unglücklich macht und nicht darauf, was glücklich macht.

David Myers hat die Artikel der „Psychological Abstracts" von 1987-2000 kategorisiert und fand 70.856 Artikel zu Depression, 59.800 zu Angst, 8.072 zu Ärger, 5.071 zu Lebenszufriedenheit, 2.958 zu „glücklich sein" und 851 zu Freude. Im „Psychologischen Wörterbuch" von Friedrich Karl Georg Dorsch (1896-1987) gibt es keinen Eintrag zu Glück.

Oft werden die Worte Freude, Glück und Zufriedenheit synonym verwendet.

Freude ist ein sehr motivierender Affekt. Freude erlebt jede*r subjektiv anders. Sie kommt erst dann zur Geltung, wenn ich sie anderen mitteilen kann. Damit hat sie Signalwirkung und ist auf Begegnung ausgerichtet. Sie wirkt lebenserleichternd. Freude gehört wie Glück zu den Primäremotionen.

Glück bezeichnet eher einen vollkommenen und dauerhaften Zustand intensiver Zufriedenheit. Philipp Mayring unterscheidet in seinem Buch „Psychologie des Glücks" zwischen dem aktuellen Glückserleben (state) und biographisch entwickeltem Lebensglück (trait). State und trait unterscheiden sich hinsichtlich der Dimensionen Stabilität, Kausalität, Dauer, Häufigkeit und Generalisierung. Dabei ist state kurz und situativ, während trait stabil und in der Person begründet ist.

Henry A. Murray (1893-1988) und Clyde Kluckhohn (1905-1960) wundern sich in ihrem Aufsatz „Outline of a conception of personality": „Eines der seltsamsten, am wenigsten interpretierbaren Symptome unserer Zeit ist die Weigerung der Psychologie von Glück zu sprechen, jenem inneren Zustand, den Platon, Aristoteles und fast alle wichtigen nachfolgenden Denker als das höchste für den Menschen erreichbare Gut annehmen."

Drei Forschungsgebiete in der Psychologie beschäftigen sich heute mit Glück: die Positive Psychologie, die Emotionsforschung und die Gesundheitspsychologie.

Der Begriff „Positive Psychologie" wurde 1954 von dem Psychologen Abraham Maslow (1908-1970) eingeführt, den wir hauptsächlich durch die Bedürfnispyramide kennen. Der Psychologe Martin Seligman hat das Konzept aufgegriffen und befasste sich mit den positiven Aspekten des Menschseins wie Glück, Optimismus, Geborgenheit, Vertrauen und individuellen Stärken. Das Konzept besteht aus fünf Säulen und sechs Tugenden. Die fünf Säulen sind charakterisiert durch positive Emotionen, Engagement, soziale Beziehungen, Sinnerleben und Zielerreichung. Die sechs Tugenden, die dabei wichtig sind, sind Weisheit und Wissen, Mut, Liebe/Humanität, Mäßigung und Transzendenz.

Einer der Vordenker der positiven Psychologie ist Mihály Csíkszentmihályi (1934-2021), der 1975 das Konzept des „Flow" entwickelt hat. Dabei bezeichnet „Flow" einen Zustand, in dem der Mensch mit seiner Tätigkeit verschmilzt, sich und die Zeit vergisst und so Glück erlebt. Es wird ein Gleichgewicht zwischen Anforderungen und Fähigkeiten erreicht.

Die Emotionsforschung befasst sich mit der Untersuchung von Gefühlen. Dabei untersucht die Glücksforschung die Bedingungen, unter denen sich Menschen als glücklich bezeichnen und/oder glücklich sind. In den 1980er Jahren hat vor allem Alfred Bellebaum (1931-2021) zu diesem Thema geforscht.

Die Neurowissenschaften haben 2015 eine Gehirnregion für die Aufrechterhaltung positiver Emotionen identifiziert – das ventrale Striatum im Mittelhirn.

Die Neurowissenschaftler*innen schätzen, dass 80 % des Wohlbefindens eine genetische Fixierung ist. Andere internationale Studien gehen davon aus, dass Glück zu 50 % durch die Gene und 10 % durch die Lebensumstände bestimmt wird. 40 % hat danach jeder Mensch selbst in der Hand.

Paul Costa Jr. und Robert Roger McCrae stellten in einer Studie mit 700 Personen fest, dass das Merkmal Extraversion einen großen Zusammenhang zum subjektiven Wohlbefinden eines Menschen aufweist. In einer weiteren Untersuchung wurden die Lebensläufe von 178 jungen Frauen untersucht. 90 % der Frauen, die in ihren Lebensläufen positive Emotionen aufwiesen, lebten im Alter von 85 Jahren noch, während diejenigen mit negativen Emotionen in ihren Lebensläufen früher verstarben.

Die Gesundheitspsychologie ist ein junges Teilgebiet der Psychologie und beschäftigt sich mit der Optimierung von Gesundheit. Es geht um die Erforschung von personenbezogenen, sozialen und strukturellen Einflussfaktoren auf die Gesundheit. Was hilft zur Bewältigung von Stress? Welche protektiven Faktoren stärken die Gesundheit? Dabei wurden soziale und persönliche Ressourcen berücksichtigt. Dazu gehören zum Beispiel eine optimistische Haltung und die Überzeugung der Menschen, dass sie selbst etwas bewirken können.

Welches Verhalten fördert die Gesundheit und das Glücksempfinden von Menschen und macht sie widerstandsfähig?

In Untersuchungen konnten folgende Glücksfaktoren identifiziert werden:

- stabile Beziehung
- Freundschaft
- Geselligkeit
- Gesundheit
- Beruf
- Kinder
- Geld

Schon Jean-Jacques Rousseau (1712-1778) meinte: „Glück besteht aus einem hübschen Bankkonto, einer guten Köchin und einer tadellosen Verdauung". Etwas bescheidener äußerte sich Theodor Fontane (1819-1898): „Gott, was ist Glück? Eine Grießsuppe, eine Schlafstelle und keine körperlichen Schmerzen, das ist schon viel."

Mittlerweile gibt es zahllose Ratgeber zum Glücklichsein. Hier einige Tipps aus dem Internet, die nicht wirklich überraschen:

- sich fragen: Was tut mir gut? Was brauche ich zum Wohlbefinden?
- das Glück in kleinen Momenten suchen, zum Beispiel 2 Minuten Kaffeepause
- Meditation und Achtsamkeitsübungen
- Yoga, Bewegung und (Outdoor) Sport
- Kochen und Essen
- Lesen
- Tagträumen
- laut Singen
- jemanden anrufen oder schreiben
- anderen etwas schenken
- nach einem stressigen Tag spazieren gehen
- beim Spazierengehen neue Wege einschlagen
- Sorgen Stück für Stück angehen

Hilfreich kann es sein, sich regelmäßig zu überprüfen, welche kleinen Aktionen man in den Alltag einbaut, um positive Momente zu erleben. Das kann die Energiespeicher auffüllen und kleine Glücksmomente generieren. Es können auch kleine Übungen eingebaut werden, die die Achtsamkeit stärken und den Blick auf Positives lenken. Oft sind wir geneigt, erst einmal das Negative zu sehen.

Zum Beispiel kann es sinnvoll sein,

- morgens im Bett fünf Dinge zu überlegen, für die man dankbar ist
- sich abends bewusst zu machen, was man tagsüber gut gemacht hat

- Positives aufzuschreiben
- jeden Tag 1 Minute bewusst zu lächeln
- jeden Tag jemandem ein Kompliment zu machen
- jeden Tag Zeit im Freien zu verbringen

Sieht man sich die Ratschläge und Tipps von Psycholog*innen und Gesundheitsexpert*innen an, erkennt man schnell, dass schon in Psalm 23 viele dieser Erkenntnisse beschrieben werden: zum Beispiel die positive Wirkung von Natur, Wasser und Selbstaffirmation. Wir werden bei der tieferen Beschäftigung mit Psalm 23 entdecken, dass viele Ratschläge einschlägiger Experten zur Glücksfindung schon sehr alt sind. Ich kenne Menschen, die den Psalm 23 mehrmals täglich still vor sich hinsagen, weil dies für sie eine beruhigende und Konzentration fördernde Wirkung ausübt. Entscheidend sind „kleine" Maßnahmen, die durch Wiederholung ihre Wirkung entfalten. Gerade auch mit Ritualen lässt sich Gutes erleben.

Literatur

Csíkszentmihályi, Mihály, Das Geheimnis des Glücks, 18. Aufl., Stuttgart 2015.

Mairing, Philipp A. E., Psychologie des Glücks, Stuttgart 1991.

Murray, H. A. / Kluckhohn, C., Outline of a concept of personality, in: dies., Personality in Nature, Society and Culture, New York ^{2}1953.

Seligmann, Martin, Der Glücksfaktor: Warum Optimisten länger leben, München 2003.

Psalm 23 (in der Übersetzung Martin Luthers, 2017)

Der HERR ist mein Hirte, mir wird nichts mangeln.

Er weidet mich auf einer grünen Aue und führet mich zum frischen Wasser.

Er erquicket meine Seele. Er führet mich auf rechter Straße um seines Namens willen.

Und ob ich schon wanderte im finstern Tal, fürchte ich kein Unglück; denn du bist bei mir, dein Stecken und Stab trösten mich.

Du bereitest vor mir einen Tisch im Angesicht meiner Feinde. Du salbest mein Haupt mit Öl und schenkest mir voll ein.

Gutes und Barmherzigkeit werden mir folgen mein Leben lang, und ich werde bleiben im Hause des HERRN immerdar.

Gutes erleben – die biblische Perspektive. Auslegung von Psalm 23

Gutes erleben: glücklich sein, geliebt werden, getröstet werden, satt sein an Leib und Seele, dazu sind wir Menschen geschaffen. So sieht es die Bibel. So beschreibt sie Gottes Zuwendung zu uns. Gott sorgt für uns, wendet sich uns zu und schenkt, was wir an Leib und Seele brauchen, um satt zu sein. Aber nicht immer ist das unsere Erfahrung. Es gibt auch tiefe, dunkle Täler. Es gibt eine Taubheit der Seele gegenüber dem Guten, so dass die Seele, gefangen in den alltäglichen Anforderungen, das Gute nicht mehr wahrnimmt, das ihr wiederfährt und darüber trübsinnig und müde wird. Woher kommt dann die Hoffnung, an einem Gott festhalten zu können, der/die Gutes für mich im Sinn hat?

In der Bibel gibt es Texte, die Menschen helfen, der Lebensfreude Raum in der Seele zu geben, das Gute wahrzunehmen und die Hoffnung zu bewahren. Es sind Liebeserklärungen an das Leben, an die eigene Seele und an Gott. Es sind Lieder, die in der Seele klingen. Es sind Gebete, die den Blick heben aus der alltäglichen Mühsal in die Weite Gottes. Viele dieser Lieder sind in den Psalmen gesammelt. Ein Psalm ist bis heute vielen Menschen lieb und vertraut. „Der Herr ist mein Hirte, mir wird nichts mangeln." Psalm 23.

Dieser Psalm bringt zur Sprache, was „Gutes erleben" aus der Perspektive Gottes bedeutet. Er findet eine eigene, seelenvolle Sprache.

Um ausdrücken zu können, was die Seele bewegt, braucht es poetische Worte: Die Sprache von Gedichten, von Liedern, von Gebeten – die Sprache der Psalmen. Psalmen sind poetische Lieder. Sie sind Gebete, die ihre Lesenden animieren, mitzubeten, sich ihre Worte auszuleihen und zu eigen zu machen. Das „mein" und „mir" im Psalm meint keine bestimmte Person aus der Vergangenheit, sondern es ist das in jedem Moment aktuelle „ich" der Lesenden, wenn sie sich in den Rhythmus des Psalms hineinbegeben.

Die aus früheren Zeiten überlieferten Worte erweisen sich bis heute als tragfähig und eröffnen einen Resonanzraum für das eigene Leben. Seit Jahrtausenden stimmen Menschen in dieses „mir wird nichts mangeln“ ein und machen den Psalm 23 zu ihrem Bekenntnis.

Denn um ein Bekenntnis handelt es sich auf der sprachlichen Ebene. Es ist ein Bekenntnis, das in Vers 4 zu einem Gebet wird, das Gott direkt anspricht. An wen richtet sich dieses Bekenntnis? Es richtet sich vor allem an die eigene Seele, die sich selbst dessen vergewissert, dass alles gut werden wird, auch wenn es gerade vielleicht nicht so erscheint. Es ist eine Art Liebeslied, eine Liebeserklärung an Gott, an die eigene Seele und an jene Menschen, durch die im eigenen Leben Begleitung und Glück erfahrbar werden.

Die/der Betende hält sich selbst vor Augen, aus welcher zuverlässigen Quelle das Gute kommt, das sie/ihn ein Leben lang begleiten wird.

Die hebräische Poesie lebt vom Sprachrhythmus in den Sätzen. Sie bestehen meist aus zwei Hälften, die aufeinander bezogen sind und sich gegenseitig verstärken.

„Der Herr ist mein Hirte“ wird verstärkt und konkretisiert durch: „mir wird nichts mangeln.“ So ein Hirte ist Gott. Einer, der für mich sorgt, damit ich bekomme, was ich brauche. Die grüne Aue und das frische Wasser spielen als Bilderpaar mit dieser Erwartung und malen sie mit satten Farben aus, visionär und doch in den Erfahrungen des Alltags gegründet.

Genauso erklären und verstärken sich auch im folgenden Vers die Bilder. Zunächst steht hier die Erfahrung: „Ich wandere im finsteren Tal“; die Erfahrung von Bedrohung, die kontrastiert wird mit der widersprüchlichen Erfahrung: „ich fürchte kein Unglück“. Die Anwesenheit Gottes (des Hirten) in der Not erklärt diese überraschende Wendung. Der Hirte hat – wiederum ein Doppelbild – Stecken und Stab zum Trost, eine damals alltägliche Erfahrung: „Der Hirte trägt zum Schutz seiner Herde eine mit Eisen beschlagene Keule. Mit dieser Waffe schlägt er die feindlichen Tiere und Menschen zurück. Zugleich hält der Hirte einen Stab in seiner Hand, um die säumigen Schafe anzutreiben und die abirrenden zur Herde zurückzuführen.“ (Hans-Joachim Kraus, Psalmen Bd. 1, BK AT Bd. XV.2, Neukirchen 1959.)

An diesem Punkt, in der Gefahr, wird aus dem Bekenntnis ein Gebet. Hier redet die/der Betende Gott direkt an. „Du bist bei mir!“ Hier ist der Psalm am dichtesten. Hier ist auch das Leben am dichtesten. Hier erweist es sich, ob das stimmt, was vorher und anschließend bekannt worden ist. Der/die Betende (und Lesende) fragt: Stimmt das? Ist Gott wirklich die Quelle des Guten? Kann ich mich darauf verlassen, dass Gott mich bewahrt und mir gibt, was ich brauche?

Im Anschluss verändert sich das Bild. Nun ist Gott nicht mehr der Hirte, sondern der Gastgeber. Was aber bleibt, ist das Versprechen von Schutz und Geborgenheit, davon, mit reichlich Gutem versorgt zu werden, selbst in der Bedrohung durch nicht näher genannte Feind*innen. Kraus vermutet, dass hier an Menschen gedacht ist, die im Tempel Asyl suchen, an Flüchtlinge, an Arme und Rechtlose, für die Gott, sein Tempel und damit auch seine Gemeinde die letzte Zuflucht und dann auch eine neue Heimat sind.

Die Schutzsuchenden und Schutzfindenden erleben durch diejenigen, die ihnen Schutz und Nahrung geben, Gottes Schutz und Fürsorge. Eigentlich sind es Menschen, die sie versorgen. Aber in dem, was die Menschen tun, begegnet ihnen Gott. Und indem diese Menschen ihre Erfahrung in einem Psalm in Worte fassen, erfahren auch die Schutzgebenden sich als Teil von Gottes Handeln. Auch ihnen begegnet Gott im Gebet und sie stimmen in den Psalm mit ein und lassen den Psalm ihr Leben und ihr eigenes Handeln deuten als Zeichen der liebevollen Gegenwart Gottes.

Es sind also nicht nur die alltäglichen Bilder, die durchsichtig werden für Gottes liebevolle Begleitung des menschlichen Lebens, sondern es sind die Menschen selbst, durch deren Tun und Denken andere und sie selbst Gott begegnen.

Interessanter Weise ist das Bekenntnis dazu, dass Gott „mich“ Gutes erfahren lässt, nicht daran gebunden, wo ich mich im Moment tatsächlich befinde. Es kann genauso im finsteren Tal gesprochen werden, als auch auf der grünen Wiese, genauso zuhause bei Gott, als auch zu Gast – gerade noch gerettet vor den Feind*innen – an Gottes Tisch. Weder die Nähe oder Distanz zu Gott, noch die Nähe oder Distanz zum Glück sind ausschlaggebend dafür, dass diese Worte ein Leben prägen, tragen und bereichern können. Sie tragen und bereichern einfach in ihrer Schönheit und Klarheit, selbst im „finsteren Tal“.

Diese (oder ähnliche) Bilder geben dem Leben Weite und Hoffnung. Das grüne Gras ist dabei ein Sinnbild für die Stärke und Kraft des Lebens. Gras ist in der Erde verwurzelt und es erdet uns. Sich hineinzulegen und in den Himmel zu schauen, verbindet mit dem Leben selbst, mit der Natur. Gras steckt voller Lebenskraft, die selbst durch Steinböden oder Mauerwerk nicht aufzuhalten ist. Frisch gemähtes Gras zu riechen, ist ein Geruch von Heimat. Es ist die bevorzugte Nahrung der Schafe – nicht Dornen und Disteln, nicht Trockenfutter, sondern köstliches frisches, grünes Gras. Grün ist die Farbe des Frühlings, in dem das Leben mächtig neu erwacht und unseren Seelen gut tut. Es ist die Farbe der Hoffnung. In den klimatischen Bedingungen Israels – und in Dürrephasen, die wir durch den Klimawandel auch bei uns erleben – ist es keine Selbstverständlichkeit, sondern ein Zeichen für fruchtbares Land, für lebensspendendes Wasser.

Frisches, fließendes, klares Wasser, also Quellwasser ist ein Sinnbild und eine Bedingung von Leben. Immer wieder ist es in der Bibel ein Bild für ein Leben in Fülle, ein Leben in Sicherheit, ein gesegnetes Leben, ein Leben in der Nähe Gottes. Jesus sagt von sich, dass er das Wasser des Lebens ist, das den Lebensdurst der Menschen stillt und ewiges Leben in Menschen quellen lässt. Vielleicht korrespondiert dieses Bild mit dem Bild des Jungbrunnens. Auf jeden Fall knüpft es direkt an positive Erfahrungen an. Wahrscheinlich hat jede*r eine Erinnerung daran, wie wunderbar und belebend frisches Wasser ist.

Auch der Hirte selbst ist ein Bild, das Jesus auf sich bezieht. Vielleicht ist es eins der bekanntesten Bilder von Jesus, der gute Hirte mit dem Schaf auf den Schultern. Vielleicht muss das Bild heute erstmal von dem Kitsch und der Gefühlsduselei befreit werden. Im Alten Testament ist das Bild alles andere als kitschig, sondern handfest. Wo es gebraucht wird, steht es im Zusammenhang mit Schutz und Geborgenheit. Besonders schön ist Jesaja 40,11: „Gott wird seine Herde weiden wie ein Hirte. Er wird die Lämmer in seinen Arm sammeln und im Bausch seines Gewandes tragen und die Mutterschafe führen." Aber auch das zusammenfassende Bekenntnis Jakobs im Rückblick auf sein Leben ist bewegend: „Gott, vor dem meine Väter Abraham und Isaak gewandelt sind, Gott, der mein Hirte gewesen ist mein Leben lang bis auf diesen Tag". Wie schön, wenn dieses Bild bis ans Ende des Lebens und darüber hinaus trägt.

Die anderen Bilder aus Psalm 23 sind ähnlich anschaulich:

Wir gehen durch das finstere Tal in Zeiten der Bedrohung, die Enge, Dunkelheit, wenn kein klarer Weg vor einem liegt.

Wir sitzen am gedeckten Tisch, trinken aus dem vollgeschenkten Becher. Bilder von Großzügigkeit erinnern an ein Festmahl, eine Party an der ich teilnehmen darf, biblisch gesprochen: ein Festessen in der Ewigkeit ist ein Bild für das ewige Leben in Gottes Nähe. Bei Gott wird in Ewigkeit gefeiert und Wein getrunken und zwar richtig guter Wein und richtig viel davon – wie bei der Hochzeit zu Kana.

Wir stehen im Angesicht der Feinde, damit allen klar ist: „ich" gehöre zu Gott, Gott stellt sich zu mir und alle, die mich bedrohen, die sich das Maul über mich zerreißen, die mir Übles wollen, müssen die Klappe halten und mich in Ruhe lassen und zuschauen, wie es mir gut geht. Ich bekomme Rückendeckung von Gott. Wer oder was diese Feinde sind, bleibt bewusst offen. Wir sind, wie bei den Bildern, dazu aufgefordert, sie mit den eigenen Assoziationen und Erfahrungen zu füllen. Die Feinde mögen Menschen sein, die einem übel mitspielen, Krankheiten, die eigene Vergangenheit, Ängste, mit denen man sich quält, oder der eigene Zweifel. Die Schatten, die das Leben bedrohen werden in diesem Bild nicht ausgesperrt, sondern haben ihren Platz, wenn auch entmachtet und nur noch als Zuschauer am Rande.

Das Bild vom Haus, in dem „ich" bleiben darf, ist eine Heimat für immer, ein Zuhause. Ein Zuhause für die Ewigkeit. Es lässt einen an die vielen Wohnungen denken, die nach Jesu Worten im Haus Gottes für uns bereit sind. („In meines Vaters Hause sind viele Wohnungen." Joh.14,2) Für jede*n von uns ein Zimmer, das genauso ausgestattet ist, wie es „mir" gefällt. Mit meinen Lieblingsfarben, mit meinen Lieblingsbüchern, meiner Musik, meinen Blumen, einer Oase für die Ewigkeit, für mich.

Gerade, dass der Schluss des Psalms auf die Ewigkeit hinweist („... ich werde bleiben im Hause des HERRN immerdar"), lädt dazu ein, den Psalm noch einmal anders zu interpretieren, nämlich als Beschreibung der Gegenwart Gottes durch ein ganzes menschliches Leben in allen Entwicklungsstufen und darüber hinaus: „Kindliche Unbeschwertheit, der nichts fehlt, erwachsene Reife, die sich der Herausforderungen des Lebens stellt, und am Ende eine Lebensbilanz mit Ausblick." (Rainer Fischer, Du bereitest vor mir einen Tisch voller Appetitanreger für die Seele, Bergisch Gladbach 2020, S. 71)

Diese Bilder verweisen „mich" auf eine Dimension des Lebens, die weiter ist als meine gegenwärtige Wahrnehmung. In Zeiten der Zufriedenheit und des Glücks verweisen sie darauf, dass dieses Gute mir geschenkt ist von Gottes Segen und liebevoller Zuwendung. Wenn Menschen Gutes und Glück erfahren, liegt das in der biblischen Wahrnehmung daran, dass sie gesegnet sind. Dieser Segen kann durch die unmittelbare Nähe Gottes quasi unvermittelt in ein Leben fließen oder auch vermittelt durch die Nähe und Zuwendung von Menschen zu Menschen. In solche gegenseitige Unterstützung erfahren Menschen ihr Leben als glücklich und gesegnet, als sinnvoll und beschenkt, sowohl in leichtfüßigen, wie in mühseligen Zeiten. In herausfordernden und schweren Zeiten verweisen die Bilder des Psalms darauf, dass Gott trotzdem da ist und „mein“ Leben in guter Weise in eine hoffnungsvolle, befriedigende Zukunft führen wird. Sie sind Interpretation und Sehhilfe über das Alltägliche hinaus, die es meiner Seele ermöglichen, Gutes und Segen wahrzunehmen und der Hoffnung Raum zu geben und damit Gott in meinem Leben zu erfahren, auch und gerade in der gegenseitigen Unterstützung und Begleitung in der diakonischen „Schafherde Gottes“.

Gutes erleben – Gutes sehen in der Diakonie. Systematisch-theologische Perspektive

Alles ist gut

„Und Gott sah, dass es gut war." Dieser Satz wiederholt sich am Anfang der Bibel im Schöpfungsbericht zum Ende eines jeden Schöpfungstages. Von der Schaffung des Lichts, über die Sterne, Pflanzen und Tiere bis hin zum Menschen, immer beurteilt Gott am Ende einer Schöpfungseinheit, dass sie gut geschaffen ist. Er steigert es sogar noch, indem er am sechsten Tag zum Abschluss der Schöpfung über alles Geschaffene das Urteil ausspricht: „Und Gott sah an alles, was er geschaffen hatte, und siehe, es war sehr gut." (Gen 1,31)

Nicht nur die Erde, sondern das ganze Universum entspricht dem guten Urteil seines Schöpfers und damit diesem selbst. Denn das positive Gottesurteil ist nicht nur eine qualitative Beschreibung der Welt, es ist auch ein Teil der Selbstoffenbarung Gottes. Das Werk gleicht dem Schöpfer, es spiegelt seine Absicht, sein Wesen wider. In der Schaffung des Menschen in besonderer Weise. Der Mensch ist zum „Bild Gottes" geschaffen (Gen 1,27) und auch er ist „gut" geschaffen. Die jüdisch-christliche Überzeugung, dass Gott selbst „gut" ist, findet ihre erste Offenbarung in der Schöpfung. Mit Gottes Offenbarung in Jesus Christus setzt sich das fort. Jesus bezeugt Gott nicht nur als liebenden Vater bzw. Mutter, sondern in Jesus zeigt Gott sich als Freund und Bruder seiner Schöpfung und führt vor Augen, was gutes Sein und gutes Handeln sind.

Welt und Gott – beide sind gut und beide sollen gut sein. Das gilt im ästhetischen, funktionalen wie auch im moralischen Sinne. Der Kern dieses Guten ist eine Beziehung. Denn so wie die Welt gut für Gott ist, ist Gott gut zu seiner Welt und die Geschöpfe sollen es untereinander sein. Dabei ist zu unterscheiden, dass es nicht um einen ekstatischen Glückszustand geht, um eine Ausnahme des Alltags. Gut ist der Modus, der Grundzustand der Welt, zumindest bis zum Sündenfall.

Gutes muss gesehen werden

Aber gut ist die Welt – selbst an ihrem Anfang – erst in den Momenten, in denen sie angeschaut wird. Das Gute an ihr und in ihr muss entdeckt und gesehen werden. „Und Gott sah, dass es gut war." (Gen 1,10 u.a.) Es ist erstaunlich, dass bereits die ersten biblischen Texte einen Unterschied machen, zwischen einer belanglosen Welt an sich, und einer guten Welt im Angesicht ihres Schöpfers. Gott eignet sich seine Welt an, indem er sie ansieht und das Gute und Schöne in ihr und an ihr entdeckt.[2]

Dies gilt auch heute und innerhalb der Schöpfung. Das Gute, das Göttliche oder wie es Jesus nennt, das Reich Gottes (Lk 17,20ff.) muss gesucht, gesehen und ausgesprochen werden, damit es Wirklichkeit wird. Das gilt für Gott selbst und damit umso mehr für den geschaffenen Menschen. Gutes gibt es nicht an sich. Gutes gibt es auch nicht nur, indem es getan wird. Gutes wird Wirklichkeit, indem es gesehen und benannt wird.

Nichts ist gut

Die Erfahrung der Welt besonders in der diakonischen Arbeit hat oft wenig mit einer guten Schöpfung zu tun. Die paradiesischen Zustände der Schöpfungsgeschichte entsprechen nicht dem Alltag in einer Pflegewohneinrichtung, einem Krankenhaus oder einer Notunterkunft für Geflüchtete. Die Perspektive diakonischer Arbeit gilt nicht dem Guten, sondern dem Schlimmen, dem Leiden, der Krankheit, dem Trauma, der Armut, der Gewalt usw. Die Bearbeitung dieser „unguten Zustände" ist diakonische Arbeit und sie lässt nicht nur Kleingläubige manchmal an der Welt und an Gott verzweifeln.

---

2 Bewusst soll hier auf die Dialektik von Gut und Böse verzichtet werden, um den Blick ganz und uneingeschränkt auf das Gute zu konzentrieren. Dennoch ist es sicherlich nicht zufällig, dass das Anschauen des Guten in der Schöpfung seinen Widerspruch durch das „Nicht-anschauen-können" im Sündenfall erfährt. „Und sie sahen, dass sie nackt waren, und schämten sich." (Gen 3,7) Die Scham, die auf den Sündenfall folgt, führt zu einem Bedecken bzw. Verstecken vor den Augen Gottes und des anderen: „Und Adam versteckte sich mit seiner Frau vor dem Angesicht Gottes des HERRN zwischen den Bäumen im Garten." (Gen 3,8)

Selbst ohne die oft beklagten Arbeitsbedingungen, unter denen diakonische Arbeit geleistet wird, den Personalmangel u.v.m., wären die vielfältigen Erscheinungsformen von Leid überwältigend und nur fatalistisch oder gar zynisch zu ertragen. Die Vokabel einer „guten Schöpfung“ wäre unglaubwürdig und das eigene Arbeitserleben dem des Sisyphos vergleichbar.

Dem ist aber nicht so. Zwar kommt es in der sozialen Arbeit zu Überforderungen, Burn-Out und sogar Cool-Out, das Auskühlen,das Abstumpfen der Seele und der Leidenschaft. Aber dem steht eine überwältigende Zahl an motivierten und zuversichtlichen Mitarbeiter*innen gegenüber (und oft auch zur Seite). Sie arbeiten im Leid für das Gute, wie es der DNA der göttlichen Schöpfung entspricht. Es ist eine große Leistung, diese gute Schöpfungsabsicht nicht aus dem Auge zu verlieren und sich immer wieder zu ermutigen auf sie hinzuarbeiten.

Der christliche Glaube bzw. die Bibel unterstützen diese Haltung an vielen Stellen. Hervorzuheben ist die Person Jesu selbst, der sogar im Wissen um die Vorläufigkeit seines Handelns, das Gute predigte, Menschen heilte und noch denjenigen vergab, die ihn ans Kreuz schlugen (Lk 23,34).

Ein anderer Text ist der hier zentrale Psalm 23. Auch er kennt die dunklen Seiten des Lebens. Das „finstere Tal“ und die „Feinde“ sind ihm nicht fremd. Aber sein Fokus liegt auf dem „gedeckten Tisch“, auf der göttlichen Begleitung und der Beheimatung in Gutem und Barmherzigkeit.

Gutes passiert in Beziehungen

Psalm 23 gilt den Exeget*innen als „Vertrauenspsalm“.[3] Neben dem Bekenntnischarakter[4] ist es vor allem die Beschreibung der Begleitung durch Gott, die bewahrt und Gutes erfahrbar macht. Der christliche Glaube

---

3 Hans-Joachim Kraus, Psalmen Bd. 1, BK AT Bd. XV.2. Neukirchen 1959, S. 188.
4 Vgl. Kapitel: Gutes erleben – die biblische Perspektive, Auslegung von Psalm 23, S. 19ff.

würde genau diese Gottesbegleitung, auch in schweren Zeiten, als Gutes qualifizieren. Gottes bewahrendes Mitgehen in meinem Leben wird in einzelnen Situationen sichtbar, bspw. beim Essen in guter Gemeinschaft („du bereitest mir einen Tisch"). Aber auch bei scheinbar individuellen Erfahrungen des Guten, (heute würde man sie wahrscheinlich als Wellnesserfahrungen bezeichnen: „Du salbst mein Haupt mit Öl und schenkst mir voll ein.") ist das „Du" das Entscheidende. Gott ist für mich da und tut mir gut bzw. Gutes. Es ist unsere Beziehung, die das Gute bewirkt.

Diese Erfahrung ist aber nicht den Gottesgläubigen vorbehalten. Auch ohne Transzendenzbezug ereignet sich Gutes vor allem im gemeinsamen Erleben, im gemeinsamen Lachen, in der Zeit, die wir miteinander verbringen. So kann man sich zwar einen guten Film anschauen, besser aber wird er, wenn man ihn gemeinsam sieht und sich darüber austauscht. Ebenso ist es mit allen anderen Erfahrungen. Erst wenn wir sie gemeinsam erleben, gemeinsam das Gute erkennen und benennen und uns gegenseitig darin versichern, fühlt es sich wirklich an und hat nachhaltige Wirkung.

Aus diesem Grund ist die diakonische Arbeit trotz aller Schwierigkeiten der richtige Ort, um Gutes zu sehen und zu erleben. Denn die Arbeit mit anderen Menschen macht diese gemeinsame Erfahrung in einem Maße möglich, wie es bspw. im Automobilbau nicht passieren kann. Die Gemeinschaft von Hilfeberechtigten und Helfenden und ihre gemeinsamen Erfahrungen sind das Panorama, in dem sich auch in Leid und Schmerz Gutes – christlich gesprochen: das Reich Gottes – identifizieren lässt.

Gutes und Barmherzigkeit werden mir folgen

Aus der Erfahrung der guten Begleitung durch Gott ist sich der Beter sicher, dass dieses Gute ihm auch zukünftig folgen wird. Man kann es aber auch so lesen, dass durch die positive Erfahrung der Betende selbst Gutes bewirkt und auf seinem Lebensweg hinterlässt. Es ist nicht verwunderlich, dass auch Psalm 23 diese Reihenfolge benennt bzw. die deutsche Übersetzung bewusst in der Doppeldeutigkeit bleibt.

Es ist vielleicht eine zu gewagte These, dass nur, wer Gutes erlebt und gesehen hat, auch gut handeln bzw. Gutes schaffen kann. Dennoch scheint sie wenigstens in der Tendenz richtig zu sein. Dabei geht es nicht nur um Gutes im moralischen Sinne. Auch im ästhetischen oder funktionalen gilt diese Tendenz.

Für den diakonischen Kontext verbietet sich m. E. die Behauptung der Kausalität von primärem guten Erleben und sekundärem guten Handeln, quasi als Bedingung der Möglichkeit. Auch in hervorragend organisierten Abläufen und unter positiven Bedingungen, können ungute Dinge passieren, leider. Das heißt aber nicht, dass das Bemühen, Gutes zu erkennen, auch in den Schlimmsten Situationen, nicht dazu führen kann, dass die Schwere leichter wird und sich neue Handlungsoptionen erschließen. Denn umgekehrt gilt die Kausalität leider meistens: Dort wo nichts Gutes und Schönes gesehen und erlebt wird, dort lässt sich auch nur schwer vorstellen, dass sich Menschen gut verhalten und gut einander behandeln.

Freude als Ziel des Guten

Wozu das alles? – könnte als Frage entstehen. Wozu die Mühe, Gutes im Alltag erkennen zu wollen? Wozu der Aufwand, in den schwierigen Lebens- und Arbeitssituationen des diakonischen Alltags auch noch Zeit und Kraft aufwenden, um innezuhalten und sich des (wenigen) Guten zu vergewissern? Nur weil Gott es in seinem ersten Arbeitsprozess auch so gemacht hat? Oder gar nur funktionalistisch, um selbst gut handeln zu können und für andere da zu sein?

Gutes zu sehen und zu erleben, hat zuerst und wesentlich eine individuelle Funktion. Denn Gott schuf die Welt ja auch nicht, damit sie gut für ihn sei, sondern sie sollte gut für seine Geschöpfe sein und diese erfreuen. Gutes löst Freude in uns aus. Freude hebt unsere Stimmung und bestimmt unser Verhältnis zu uns und zu anderen. Das Gute in der Schöpfung ist Gottes Antidepressivum für uns, zweckfrei und doch wirkungsvoll. Es macht glücklich.

Diese Freude kann sogar in den schlimmsten Momenten tragen, ohne sie ihrer Traurigkeit zu entheben. Gottes Zusage, dass die Welt gut geschaffen ist, gilt auch für die Zukunft und über diese Welt hinaus. Selbst in Tod und Trauer verspricht er seine Beziehung zu uns aufrecht zu erhalten, sogar über den Tod hinaus. Luther hat das wiederum im Psalm 23 übersetzt: „… und ich werde bleiben im Hause des Herrn immerdar."

Teil 2 – Fortbildungsvorschläge

2.1. Welche Lieder singen wir? – Blickwechsel

Thema: Welche Lieder singen wir über unser Leben? Lieder der Freude oder des Leids? Das ist auch, aber nicht nur eine Frage dessen, was wir erleben. Es ist auch eine Frage des Blickwinkels und der Glaubenssätze, die wir über unser Leben setzen – das Glas, ist es eher halb voll oder ist halb leer? Um das Gute zu erleben, müssen wir das Gute sehen können, selbst wenn ich schon wanderte im finsteren Tal.

Hintergrund und Ziel: Innere positive Bilder und Ressourcen entdecken. Eigene Deutungsmuster erkennen und aufweichen. Die Sinne öffnen für das Gute und Schöne. Die Möglichkeit des Blickwechsels auf die Begleitung der Menschen anwenden, die wir in unserer Arbeit begleiten. Für uns selbst und für sie gute ermutigende Lieder schreiben.

Teilnehmende: 10-16, Mitarbeitende aller Bereich der Diakonie

ZEIT/INHALT	ZIEL	MATERIAL
09.00 h (10 Min.) **Begrüßung** Einführung in den Tag		
09.10 h (10 Min.) **Vorstellungsrunde** • Name • Seit wann sind Sie in der Einrichtung? • In welchem Bereich • In welcher Funktion?	Kennenlernen	Ggf. Gegenstände, die das Gute, Schöne symbolisieren können: Fotos, Herz, Steine, Schuhe, Blumen, Geschenkband, ein Spiegel ...
09.20 h (30 Min.) **Innehalten** Wie geht es mir eigentlich gerade? Was habe ich in den letzten Wochen und Monaten erlebt? Was war belastend? Was war schön, wohltuend, stärkend? Private und dienstliche Eindrücke dürfen sich da gerne mischen. Nicht alles muss dann gesagt werden Eine der Gefühlskarten (siehe Material) auswählen und erzählen	Wahrnehmen der eigenen Befindlichkeit. Öffnen für das Gute und Schöne	Follenius, Bettina, Gemischte Gefühle, 56 Bildkarten für Therapie, Beratung und Coaching.

ZEIT/INHALT	ZIEL	MATERIAL
09.50 h (45 Min.) **Blickwechsel I** Halb voll oder halb leer, das Glas? **Intro:** Wir alle haben so etwas wie Glaubenssätze in uns. Positive („Och, eigentlich hat bisher immer noch alles geklappt") oder auch negative („Das wird doch sowieso wieder nichts") Vielleicht ein kurzes Innehalten: Wie sind Sie grundsätzlich gestimmt? Positiv oder negativ? Ist bei Ihnen das Glas sozusagen eher immer halb voll oder halb leer? Ganz unabhängig von dieser Grundstimmung tragen wir alle so was wie Lebenssätze in uns, Sätze, die in uns stecken, uns vielleicht sogar seit Kindesbeinen in uns eingepflanzt wurden oder von denen wir meinen, sie hätten uns das Leben gelehrt. Manche von ihnen stärken uns, manche aber halten uns auch ganz schön fest. **Lebenskarten** liegen im Raum ausgebreitet Die helfen, den Blickwinkel zu ändern. Von halb leer zu halb voll zum Beispiel. ☺	Innere positive Bilder und Ressourcen entdecken. Einengende Muster erkennen und aufweichen. Den Blick von negativen hin zu positiven Glaubenssätzen lenken.	Völkner, Barbara, Lebenskarten 1, Therapiebox, 88 Therapiekarten entwickelt für Coaching und Therapie, www.lebenskarten.de

ZEIT/INHALT	ZIEL	MATERIAL
Lebenskarte aussuchen Kurz darüber nachsinnen – auch überlegen, welchem negativen Satz diese Karte entgegensteht. Jede*r sucht sich eine Karte aus, die sie anspricht. **Kurze Stille** Die Gedanken teilen: Satz vorstellen. Gedanken dazu teilen. Was wäre der negative Glaubenssatz, von dem ich mich (vielleicht) verabschieden will? Den zu formulieren, kann die Seminarleitung helfen. Seminarleitung nennt dann den negativen Satz – die Teilnehmenden stellen ihren positiven Satz kraftvoll dagegen. **Abschluss** Ralph, der Moderator von der Sendung mit der Maus (für die Älteren unter uns, das ist der Nachfolger von Christoph mit dem grünen Sweat Shirt), hat ein wunderbares Buch geschrieben: 99 harmlose Fragen. „Ist weinen schwieriger oder lachen?“, ist da zu lesen oder „Ketchup? Mayo? Oder Senf?“, „Was ist das Idiotischste, das du tun kannst?“. und eben auch diese:		

ZEIT/INHALT	ZIEL	MATERIAL
Ist das Glas halb voll oder halb leer? „Zunächst einmal ist so ein Glas“, sagt Ralph Caspers, „das nur zur Hälfte mit Wasser gefüllt ist, trotzdem komplett voll: Unten ist Wasser und darüber ist bis zum Rand Luft im Glas! Nur weil man die Luft nicht wahrnimmt, heißt es nicht, dass sie nicht da ist. Aber zurück zur Frage – und dabei ignoriere ich jetzt einfach mal die Luft im Glas und konzentriere mich nur aufs Wasser. Halb voll oder halb leer? Das liegt daran, ob man eher sieht, was man hat. Oder ob man eher sieht, was einem fehlt (...) Wie man ein halb gefülltes Glas beurteilt, kann auch vom Alter abhängen. Als ich 5 Jahre alt war, war die Welt für mich voller Geschenke. Ich sah vor allem, was ich hatte. Da war das Glas halb voll. Als ich 15 Jahre alt war und meine Tage aus Teenage-Angst und Weltschmerz bestanden, und ich überall gesehen habe, was falsch läuft, da war das Glas halb leer. Mit 25 wusste ich nicht, was ich machen sollte. Ich war total ratlos und hatte keinen Plan, wie der Rest meines Lebens aussehen sollte. Ich konnte mich nicht einmal entscheiden, ob		Ralph Caspers, 99 harmlose Fragen für überraschende Unterhaltungen zwischen Eltern und Kindern, Berlin 2020, S. 83.

ZEIT/INHALT	ZIEL	MATERIAL
das Glas jetzt halb voll oder halb leer war. Es fühlte sich mal so, mal so an. Jetzt habe ich ein Alter erreicht, in dem es für mich keinen Unterschied macht, ob das Glas halb voll oder halb leer ist – ich stelle einfach ein paar Blumen rein und freue mich, dass ich eine kleine Vase mit Wasser gefunden habe." **Bündelung** Auch das wahrnehmen, was man nicht sieht (im Fall des halbvoll/-leeren Glases – die Luft). Auch Gott sieh man übrigens nicht und er ist doch da. Sich selbst die Perspektive klarmachen, aus der man gerade guckt, vielleicht auch die Perspektive wechseln. Den Blick für kreative Füllungen schärfen. Zum Thema halb voll oder halb leer weiß die Bibel: „Vor dir, Gott, ist Freude die Fülle und Wonne zu deiner Rechten ewiglich." (Psalm 24,11) Ggf. die Perspektive Gottes einbringen, der das Glas überlaufen lässt. **Segenskarte** im Austausch gegen die wieder zurückzugebende Lebenskarte – die Teilnehmenden können sich auf die Rückseite ihren Glaubenssatz schreiben und auch den, gegen den er ihnen helfen soll.		Motiv 1 Das Glas ist halbvollleer, im Begleitheft S. 7 bzw. https://www.mi-di.de/materialien/ Völkner, Barbara, Lebenskarten 1, Therapiebox, www.lebenskarten.de (siehe oben)

ZEIT/INHALT	ZIEL	MATERIAL
10.35 h (15 Min.) **Pause**		
10.50 h (20 Min.) **Blickwechsel I** Gute und weniger hilfreiche Glaubenssätze Den Blick auf die Bewohner*innen/Klient*innen/Patient*innen/Kund*innen lenken Jeder Mensch hat seine Geschichte und diese prägt die Sicht auf das eigene Leben. Mein Leben – ist's Segen oder Fluch? Sammeln: Beispiele von gängigen Glaubenssätzen, die Sie bei ihrem Klientel/Bewohner*innen etc. kennen: („Ich bei meinem Pech...", „Das hat ja sowieso keinen Sinn", „Freu dich nicht zu früh", „Der liebe Gott hat es bisher immer gut mit mir gemeint", „Irgendwie geht es immer weiter"....) **Impuls:** Der Unterschied zwischen Trost und Vertröstung Wie reagieren wir auf negative Sätze? „Das wird schon wieder", „Morgen sieht das wieder anders aus", „Das haben andere auch schon geschafft"? Solche Sätze können richtig sein und trösten, sie können aber auch, selbst wenn sie richtig sind,	**Die Möglichkeit des Blickwechsels auf die Begleitung der Menschen anwenden, für die wir unsere Arbeit tun.**	

ZEIT/INHALT	ZIEL	MATERIAL
wenig hilfreich sein. Je nachdem, wie sie gesagt werden. Das ist mit frommen Sprüchen, auch Bibelsprüchen nicht anders. „Gott wird's schon richten", „Jeder Tag hat seine eigene Sorge", „Der liebe Gott legt einem nur das auf, was man tragen kann" – solche Sätze können das Befinden aufnehmen und trösten oder eben vertröstend über das Erleben hinweggehen. **Gespräch:** Was ist die Bedingung, dass Trostworte wirken? • Authentizität • Erfahrungsgesättigt • Glaubwürdigkeit • Das Wort meint wirklich mich. • Ich werde gesehen. • Ich werde verstanden. Biblische Geschichten vertrösten nie, sie nehmen den Menschen ernst und nichts, was menschlich ist, ist ihnen fremd. Im 23. Psalm kommt das zum Ausdruck. **Psalm 23 aufsagen**		

ZEIT/INHALT	ZIEL	MATERIAL
11.10 h (30 Min.) **Imagination** Die Imagination muss natürlich je nach Situation und Hilfefeld angepasst werden. Hier eine Imagination, wie ich sie in Altenhilfeeinrichtungen anbiete. Stellen Sie sich eine Person vor, die in Ihrer Einrichtung/Wohngruppe... lebt, die Sie in irgendeiner Weise berührt, beschäftigt, die Sie vielleicht besonders mögen. Rufen Sie sich sie vor Augen. Wie sitzt sie typischerweise? Wie ist ihr Gang? Ihre Körperhaltung? Wie sieht sie aus, wenn sie fröhlich ist? Wie, wenn sie bedrückt ist? Wie sie wohl als Kind war? Eher ruhig und in sich gekehrt? Oder eher lebendig, neugierig, quirlig? Stellen Sie sich sie auf einer Sommerwiese vor: mit Knickerbockern vielleicht oder mit Kleid und Affenschaukeln. Wie mag Ihre Person als Jugendliche gewesen sein? Neugierig auf das Leben? Selbstbewusst oder eher unsicher?	Die Wahrnehmung schärfen, Einfühlung üben. Die Bedeutung von trostreichen Worten erspüren.	

ZEIT/INHALT	ZIEL	MATERIAL
Und als junger Erwachsener? Als Mutter, als Vater vielleicht. Hat sie überhaupt Kinder? Und um die 50, die Kinder sind, sofern es welche gibt, aus dem Haus? Als älterer Mensch, gemeinsam noch mit Partner, mit Partnerin, allein? Und wieder heute und hier; so wie Sie diesen Menschen erleben. Versuchen Sie ein Wort zu finden, das diese Person beschreibt: (zufrieden, bitter, gehalten, haltlos ...).		Motive 2 und 3 Hirte und Schafe, S. 14 im Begleitheft
Den Psalm 23 lesen. Auf die Verse verweisen, die in einem Kreis oder einer Spirale auf dem Boden liegen. Wählen Sie für Ihre Person einen Vers aus, von dem Sie finden, dass er zu ihm passt. **Runde** Die Person kurz vorstellen und den Vers dazu lesen, den Sie für sie ausgesucht haben. **Hinweis** Dieser Psalm ist sehr bekannt und viele (alte) Menschen kennen ihn auswendig. Einfach zugesprochen stellt er Einvernehmen her und weckt stärkende Ressourcen. (Was mich schon sonst in meinem Leben getröstet hat, tröstet mich auch jetzt,		„Der Herr ist mein Hirte – Neue Blicke auf Psalm 23“ im Online-Shop der Diakonie unter www.shop.diakonie.de

ZEIT/INHALT	ZIEL	MATERIAL
der, der mich bisher gehalten hat, ist immer noch bei mir.)		
11.40 h (50 Min.) **Schöne Orte – starke Bilder, die tragen im Jetzt und Hier wie die Bilder vom Reich Gottes** In mehreren Runden schweigend laufen. Äußere und innere Bilder oder ggf. Kartenmotive suchen, sie so in sich hineinnehmen, dass wir sie jederzeit wachrufen können **Intro:** Sie kennen ja Pippi Langstrumpf. Ich mach mir die Welt widewide wie sie mir gefällt. Das kann man nun so singen, dass vollkommen klar ist, das ist nicht besonders lebensnah. Sie erleben in Ihrem Beruf täglich Menschen, bei denen das Leben sich nicht machen ließ wie es einem gefällt. Und doch ist es ja die Frage: Welche Lieder singen wir in unserem Leben? Lieder von Freiheit, von Leichtigkeit, von Glück oder solche von Gefahr und Sorge und Unglück? Das Leben, ist es Segen oder Fluch? Das Glas, ist es halb voll oder halb leer? Deshalb lassen wir nun der Phantasie einmal freien Lauf und lenken sie	Die Bedeutung von trostreichen Worten und Bildern verstehen, den Trost nachvollziehen, der in der Vorstellung vom Reich Gottes liegt.	ruhiges Außengelände oder ein sehr großer Raum

ZEIT/INHALT	ZIEL	MATERIAL
an einen Ort, an dem wir uns einmal so richtig leicht und frei und glücklich gefühlt haben. (Manchmal hilft es, Beispiele zu geben: Meer, Wald, Berge, ein Ort der Kindheit zum Beispiel, neulich hat eine Teilnehmerin sich z.B. in den Hühnerstall ihrer Großmutter gebeamt) Solche Bilder können, wenn wir sie ganz tief in uns tragen und es uns gelingt, sie jederzeit wachzurufen, uns in jeder Situation das Gefühl von Leichtigkeit herbeirufen. Dazu laufen wir nun – jede und jeder in ihrem und seinem Tempo und ganz für sich jeweils eine Runde (z.B. um den Teich, die Wiese...). Für jede Runde gebe ich einen neuen Impuls zum Nachspüren, nach jeder Runde treffen wir uns (schweigend) wieder hier. **Impulse:** 1. Runde: Ort suchen und vorstellen, an dem ich mich richtig leicht, frei, glücklich gefühlt habe. 2. Runde: Wie riecht es dort? Wie fühlt sich die Luft auf meiner Haut an? 3. Runde: Welche Geräusche begegnen mir dort? 4. Für diesen Ort ein Wort finden (z.B. Geborgenheit, Freiheit, Leichtigkeit...)		

ZEIT/INHALT	ZIEL	MATERIAL
Dieses Bild kann ich jederzeit in mir wachrufen mit all seinen Gefühlen. **Runde:** Ort und das Gefühl, für das dieser Ort steht, teilen. **Reflexion:** So funktioniert das letztlich auch, wenn Menschen getröstet werden mit Trostworten der Bibel. Mit Bildern vom Reich Gottes. Sie wirken, wir können sie in uns wachrufen (lassen). Wir haben die Erfahrung: Gott tröstet. Wir haben Hoffnung. Und weil wir sie haben, bewirkt das etwas im Hier und Jetzt. Es ist unsere Aufgabe, dies wachzuhalten ggf. auch wieder wachzurufen, wenn Menschen sich nicht mehr erinnern können. Reich Gottes – Abwischen alle Tränen. Das Reich Gottes ist wie .... Und dann kommt etwas ganz Alltägliches, mit dem ein Wohlbefinden verbunden ist. Halt. Geborgenheit. Freiheit.		
12.30 h (60 Min.) **Mittag** Psalmspaziergang aufbauen		

ZEIT/INHALT	ZIEL	MATERIAL
13.30 h (60 Min. Mit Wechsel je vom Raum ins Außengelände und zurück) **Welche Lieder singen wir?** Psalm 23 ist ein Lied. Welche Lieder singen wir in unserem Alltag, zu besonderen Momenten? Wie ist es, wenn wir Psalm 23 singen würden? Psalm 23 lesen **Psalmspaziergang** **Station 1: Der Herr ist mein Hirte – Schafglocke** Mir wird nichts mangeln **Station 2: Er weidet mich auf einer grünen Aue** – auf Wiese weisen **Station 3: Er führet mich zu frischem Wasser** – Wassereimer, Schöpfkelle – die Teilnehmenden bekommen einen erfrischenden Schuber über die Hände mit dem Zuspruch: Er erquickt meine Seele Weitergehen **Station 4: Er führet mich auf rechter Straße um seines Namens willen,** so wie es sein Name verspricht. Schweigend weitergehen	Die Wirkung des Psalms selber spüren	Schafsglocke Eimer mit Wasser Schöpfkelle Stock/Stab Tischdecke Brett Brot Messer Kräuter Lavendelöl Wasserkrug mit Wasser Becher für jede*n Text Psalm 23 für jede*n, S. 2 und 5 im Begleitheft

ZEIT/INHALT	ZIEL	MATERIAL
Station 5: eine geeignete Stelle für das „finstere Tal“ suchen (Büsche, Senke o.ä.) – Zuspruch: **Und ob ich schon wanderte im finsteren Tal,** **fürchte ich kein Unglück**		
Station 6: jede*n mit einem Stab (über eine Schwelle, aus dem Gebüsch raus o.ä.) führen: **Dein Stecken und Stab trösten mich**		Motive 2 und 3 (siehe S. 14 Begleitheft)
Station 7: Gedeckter Tisch: Tischdecke, Brot, Kräuter...: **Du deckst vor mir einen Tisch im Angesicht meiner Feinde,** angesichts all dessen, was mir widrig entgegenkommt. Die Teilnehmenden bekommen ein Stück Brot und schmecken, wie freundlich der Herr ist.		„Der Herr ist mein Hirte – Neue Blicke auf Psalm 23“ im Online-Shop der Diakonie unter www.shop.diakonie.de
Station 8: Du salbest mein Haupt mit Öl z.B. mit Lavendelöl jeder/m ein Kreuz auf Stirn oder Handrücken zeichnen (wenn Nichtchristen in der Runde sind, zeichne ich eine Spirale). Segnung mit: „Gott hat dich bei deinem Namen gerufen, du gehörst zu ihm“.		
Station 9: Und schenkest mir voll ein Jede*r bekommt einen Becher voll Wasser		

ZEIT/INHALT	ZIEL	MATERIAL
Station 10: Alle stehen im Kreis: **Gutes und Barmherzigkeit werden mir folgen mein Leben lang, Und ich werde bleiben im Hause des Herrn immerdar.** Die Teilnehmenden bekommen den Text des 23. Psalms und gehen noch einmal die Stationen ab. Suchen den Vers, der sie gerade am meisten anspricht. Wiederholen ihn im Stillen beim Gehen. Kommen damit am vereinbarten Treffpunkt zusammen. Runde: Jede*r nennt kommentarlos seinen Vers.		

ZEIT/INHALT	ZIEL	MATERIAL
14.30 h (60 Min.) **Einen Psalm selber schreiben** Übung: „Wörter verschenken“ nach Klaus W. Vopel • Jede*r Teilnehmende erhält vier Zettel, auf den nach und nach je ein gutes Wort kommt. • Teilnehmende werden aufgefordert, ein Wort, das für sie einen schönen Klang hat aufzuschreiben. Dieses Wort stecken sie für sich weg und bewahren es auf. • Nun geht jede*r nacheinander zu drei Teilnehmenden, reicht ihm/ihr einen Zettel und bittet jeweils: „Bitte, schenk mir ein Wort“. Der/die andere sucht ein Wort, schreibt es auf den Zettel und schenkt es der/dem Bittenden. Das kann etwas Positives sein, das er/sie in dem/der anderen sieht oder etwas, das er/sie dem/der anderen wünscht. Die/der Beschenkte liest es, bedankt sich und geht weiter. Mehr wird nicht gesprochen. Sobald jede*r drei Teilnehmende gefragt hat und drei geschenkte Worte besitzt, setzen sie sich wieder hin. Sie legen nun die drei Zettel und ihren eigenen vor sich hin. Jede*r hat nun also vier Worte vor sich. • Die Teilnehmenden werden nun aufgefordert, selbst einen Psalm /	Die Wirkung von guten Worten spüren. Gebete, Psalmen, Segen frei für sich selbst und andere formulieren	Klein, Zamyat M., Kreative Seminarmethoden, 100 kreative Methoden für erfolgreiche Seminare. Zettel Stifte Papier

ZEIT/INHALT	ZIEL	MATERIAL
ein Gebet / einen Segen zu schreiben, in dem die vier Worte vorkommen. Das löst zunächst meistens Stress aus, der sich dann aber wieder legt, sobald die Seminarleitung versichert, dass da keine Kunstwerke rauskommen und dass das jede*r in seinem Stil machen soll. Kurz und knackig, blumig, in einem Satz oder auch in vielen. Wie der Schnabel eben gewachsen ist. • Einander vorlesen. In der Tat ist es beeindruckend, was da am Ende rauskommt. Ich habe bereits eine ganze Kladde voll von auf diese Weise entstandener Gebete, Segen und Psalmen. **Psalmen, Gebete, Segen für andere schreiben** • Ein*e Teilnehmende*r erzählt eine Situation. Nun werden die Gefühle gesammelt, die die Zuhörenden wahrnehmen und auf Karten geschrieben. Dann lautet der Arbeitsauftrag z. B: so: „Jetzt stellen wir uns vor: Wir halten es für angebracht, mit dieser Bewohnerin ein Gebet zu sprechen. Wir haben vier Gefühle – diesmal sollen diese Worte nur leiten, sie müssen nicht vor-		

ZEIT/INHALT	ZIEL	MATERIAL
kommen. Aber schreiben Sie ein Gutenachtgebet für diese Frau oder einen Segen oder eben einen kleinen Psalm. • Einander vorlesen. • Und weil es so schön war, das Ganze nochmal ☺ **Bündelung** „Beten ist ganz einfach. Das geht so: wahrnehmen, fühlen und dann einfach reden, wie einem der Schnabel gewachsen ist.“ (Monika, Altenpflegerin) Keine Angst vor dem Beten. Sie können wenig falsch machen, aber viel Gutes bewirken. Und irgendwie tut es einem ja unabhängig vom eigenen Glauben auch selber gut.		
15.30 h (15 Min.) **Pause**		

ZEIT/INHALT	ZIEL	MATERIAL
15.45 h (15 Min.) **Welche Lieder singen wir?** Feedback • Stationen des Tages nochmal an-tippen • Was nehmen Sie von diesem Tag mit? Was möchten Sie vielleicht mal ausprobieren? Für sich selbst, in ihrer Arbeit? • Nehmen Sie ein neues Lied mit (Ps 23)? • Was möchten Sie sonst noch sagen?		
16.00 h **Gemeinsames Sprechen des 23. Psalms, ggf. in einer paraphrasierenden Fassung**		

2.2 Die Seele erfrischen

Thema: Psalm 23 als eigene Kraftquelle entdecken.

Hintergrund und Ziel: Im beruflichen Alltag in der Diakonie ist es für Mitarbeitende hilfreich, gerade in Belastungen Gutes erleben zu können. In diesem Seminar bekommen Sie Methoden und Instrumente an die Hand, sich positiv auszurichten und widerstandsfähiger zu werden.

Teilnehmende: 10-16. Dieser Seminartag richtet sich an Mitarbeitende der Jugend- und der Behindertenhilfe, ist aber auch für andere Zielgruppen in diakonischen Einrichtungen anwendbar.

ZEIT/INHALT	ZIEL	MATERIAL
09.00 h (30 Min.) **Begrüßung** **Einführung in den Tag** Der Raum ist im Stuhlkreis ohne Tische gestellt. Auf jedem Stuhl liegt als Geschenk das Begleitheft, dessen Anwendungsmöglichkeit später erklärt wird. In der Mitte steht ein Karton mit bunten Seilen. Jede*r nimmt sich ein Seil in der Farbe, die ihn/sie anspricht und legt das Seil vom Sitzplatz zur Mitte in einem Verlauf, der den Morgen vom Aufstehen bis zu diesem Moment darstellt (geradlinig, in Kurven, als Knäul ...). Der/die Teilnehmende sagt Name, Bereich, Funktion und beschreibt, warum er/sie das Seil so gelegt hat. Danach finden sich die Teilnehmende so wie sie sitzen, zu dritt oder viert zusammen und tauschen sich drei-vier Minuten über ihre Erwartungen an den Tag aus. Die/der Moderator*in fragt die Erwartungen ab und notiert diese auf dem Flipchart.	Kennenlernen und Erwartungsabfrage	Begleitheft, verschiedenfarbige Seile, Flipchart, Stifte

ZEIT/INHALT	ZIEL	MATERIAL
09.30 h (60 Min.) **Austausch zu Psalm 23** Der Psalm 23 wird reihum laut gelesen. Dann diskutieren die Teilnehmenden in Gruppen folgende Fragen: • Das spricht mich an. • Das befremdet mich. • Was kann ich in meine Gegenwart übersetzen? • Welcher Vers spricht mich am meisten an? Die Ergebnisse werden im Plenum zusammengetragen und diskutiert.	Kennenlernen und auseinandersetzen mit Psalm 23	Begleitheft S. 2 und 5 und / oder „Der Herr ist mein Hirte – Neue Blicke auf Psalm 23“ im Online-Shop der Diakonie unter www.shop.diakonie.de, ggf. Stifte und Karteikarten
10.30 h (15 Min.) **Pause**		
10.45 h (75 Min.) **Übung: Was ist Weisheit?** Albert Einstein: „Eine clevere Person löst ein Problem, eine weise Person vermeidet es.“ Frage: Wie kann ich Stress vermeiden und dadurch Gutes erleben? Austausch in Zweier-Gruppen auf Spaziergang – Zusammentragen und Diskussion der Ergebnisse im Plenum.	Bewusstwerden eigener Belastungen und der Möglichkeit diese zu vermeiden.	Begleitheft S. 9 und 10, ggf. Stifte und Karteikarten

ZEIT/INHALT	ZIEL	MATERIAL
12.30 h (60 Min.) **Mittagspause**		
13.30 h (60 Min.) **Kleine Techniken mit großer Wirkung** Einstieg: Kurze Körperübung oder Kanon: Wechselnde Pfade • den Kanon „Wechselnde Pfade“ (Sie finden ihn auch im Internet), • kurze Körperübung: „Sich Wachklopfen“: Sie stellen sich locker hin, die Arme hängen lassen, die Beine stehen schulterbreit auseinander. Sie formen die Hände zu Fäusten und klopfen Ihren gesamten Körper ab. Sie beginnen bei den Schultern und Armen, weiter über Brustkorb, Bauch, Rücken, Beine, Füße und wieder hoch. Dann klopfen Sie mit den Fingerkuppen Ihren Kopf und das Gesicht. Dabei sind Ihre Finger in der Vorstellung Regentropfen. Zum Schluss können Sie sich noch strecken und gähnen. Das Abklopfen öffnet alle Energiebahnen und steigert die Blutzirkulation. Durch die Belebung des zentralen Nervensystems fühlen Sie sich augenblicklich wach und frischer.		Der Text des Kanons findet sich im Begleitheft auf S. 6.

ZEIT/INHALT	ZIEL	MATERIAL
Kleine Techniken mit großer Wirkung: • Abends drei Dinge aufschreiben, über die ich mich heute gefreut habe. • Am Anfang jeder Teamsitzung: Worüber habe ich mich in Bezug auf Kolleg*innen, Klient*innen in der letzten Woche gefreut? • Affirmation: Sätze, die mir Kraft geben, Trost spenden, wie zum Beispiel Psalm 23 leise vor sich hinsprechen, mindestens zehn Mal wiederholen. Weitere Techniken sammeln und ausprobieren, zum Beispiel Wohlfühlorte, sich selbst weniger wichtig nehmen (Selbstüberschätzung als Zivilisationskrankheit).		
14.30 h (60 Min.) **Eigene Kraftquellen entdecken** Was spendet mir Trost? Wo und in wem fühle ich mich geborgen? Was trägt Psalm 23 dazu bei? Einzelarbeit, dazu die Antworten in das Begleitheft eintragen, danach Austausch zu zweit.	Eigene Kraftquellen entdecken	Begleitheft S. 10, ggf. „Der Herr ist mein Hirte – Neue Blicke auf Psalm 23“ im Online-Shop der Diakonie unter www.shop.diakonie.de

ZEIT/INHALT	ZIEL	MATERIAL
15.30 h (30 Min.) **Was nehme ich für mich mit?** Karte aus Kartenset auswählen und das Gesagte darauf beziehen. Reisesegen		„Der Herr ist mein Hirte – Neue Blicke auf Psalm 23“ im Online-Shop der Diakonie unter www.shop.diakonie.de und Segen aus Begleitheft S. 15.
16.00 h **Schluss**		

Zusätzliche Anregungen und Literaturtipps

Am Anfang jeder Teamsitzung nehmen sich die Teammitglieder kurz Zeit und sagen reihum kurz etwas zu der Frage: Worüber habe ich mich in der letzten Woche in Bezug auf Bewohner*innen, Kolleg*innen und das Team gefreut? Diese Übung ist hilfreich, um nicht nur das Negative in der Arbeit zu sehen, sondern den Blick auf schöne Erfahrungen zu lenken.

Eine sehr schöne Übung für Teamtage oder Fortbildungstage ist diese: Man schneidet gemäß der Anzahl der Teilnehmenden DIN-A4 große Pappkartons aus und befestigt eine Kordel so, dass die Teilnehmenden ein Kartonblatt auf dem Rücken tragen können. Auf den Karton wird geschrieben: Mir gefällt an Dir … Alle bewegen sich im Raum (Es kann auch Musik eingespielt werden). Alle haben einen Stift und ergänzen den Satz für die jeweilige Person. Wenn alle genug Zeit hatten, wird die Übung beendet, die Kartons abgenommen, und die Teilnehmenden lesen die Ihnen zugeschriebenen Sätze unkommentiert. Diese Sätze sind ein Geschenk und werden nicht diskutiert. Alle dürfen Ihren Karton mitnehmen und behalten.

Literaturempfehlung 1 : Dietrich Steinwede, Die Hoffnung aber bleibt, Lahr 2006.
Dieses Vorlesebuch mit Geschichten, Gedichten und Gedanken kann für einen Fortbildungstag eingesetzt, als den Teilnehmenden empfohlen oder auch als Geschenk genutzt werden.

Literaturempfehlung 2: Rolf Dobelli, Die Kunst des Guten Lebens: 52 überraschende Wege zum Glück, München 2017. Das Buch gibt 52 wertvolle, leicht umsetzbare und erfolgreiche Tipps zu Zufriedenheit und Selbstwirksamkeit. Die Teilnehmenden können es als Anregung zum Selbstmanagement nehmen. Man kann aber auch einzelne Übungen in den Seminartag einbauen.

Kurzformate

2.3. Was schön war ...

Zeit: ca. 30-45 Minuten, in Abhängigkeit von Anzahl der Teilnehmenden

Setting: *geeignet für bspw. Teamgespräche, auch inklusiv möglich, auch als Themenreihe zu Psalm 23 durchführbar (siehe unten: „Was mich bewegt…“)*

ZEIT/INHALT	ZIEL	MATERIAL
Ca. 5 Minuten **A1. Begrüßung und Erläuterung des Vorhabens:** Moderator*in erläutert das Vorhaben in für die Gruppe angemessener Sprache. Bspw.: „Diakonische Arbeit ist häufig sehr herausfordernd. Wir erleben unsere Begleitung von Menschen als fragmentarisch und uns selbst eher als Krisenmanager oder Feuerwehrleute und weniger als in positivem Sinne gestaltend. Deshalb ist es wichtig, ab und zu den Fokus darauf zu richten, was uns gelingt. Dazu nehmen wir uns heute Zeit. Betrachten Sie die Karten“.	Hinführung zum Thema	Karten aus Kartenset „Der Herr ist mein Hirte – Neue Blicke auf Psalm 23“ im Online-Shop der Diakonie unter www.shop.diakonie.de (oder eine beliebige Auswahl an Motivkarten) auf dem Tisch oder dem Boden auslegen. Auch andere Symbole sind möglich.

ZEIT/INHALT	ZIEL	MATERIAL
A2. Oder in **einfacher Sprache:** „Wir haben es ganz schön schwer. Immer ist viel zu tun. Vieles schaffen wir gar nicht. Und dann ärgern wir uns. Kennen Sie das? Gehen Sie manchmal ärgerlich nach Hause? Aber vieles ist auch schön. Ganz oft bekommen wir echt was hin! Dann freuen wir uns. Heute versuchen wir uns zu freuen und erzählen uns schöne Geschichten. Ich habe dazu Karten mitgebracht.“		Ggf. kann eine gestaltete Mitte (Blume, Tuch, Licht) verwendet werden. Dann sollten die Karten etwas abseits ausgelegt werden.
Ca. 3 Min. **B. Karten betrachten, Situationen erinnern** Die Karten werden betrachtet und die Teilnehmenden aufgefordert, eine oder zwei Karten mitzubringen, zu denen ihnen eine positive Situation oder Gelungenes im Arbeitskontext (o. Ä., hier kommt es auf das Setting der Teilnehmenden an) einfällt.	Positives erkennen	
Ca. 20 Min. **C. Geschichten teilen** Die Teilnehmenden zeigen der Reihe nach die ausgewählte(n) Karte(n) und erzählen dazu kurz, an welche positive Geschichte sie die Karte erinnert hat und warum sie sich über die Situation gefreut haben / stolz oder erleichtert sind.		

ZEIT/INHALT	ZIEL	MATERIAL
Der/die Moderator*in stellt gezielt Nachfragen oder spiegelt, falls nötig. Bei einer inklusiven Gruppe könnte es nötig sein, die Teilnehmenden zum Reden zu ermutigen und die Gefühle des Erzählenden zu spiegeln. Sollte eine Mitte gestaltet sein, können die ausgewählten Karten dort abgelegt werden, nachdem die jeweilige Geschichte erzählt wurde. Ca. 2 Minuten **D. Gesamtbetrachtung und Überleitung zum nächsten Punkt (Teamgespräch o.Ä.)** Die/der Moderator*in bedankt sich für die schönen Geschichten und die Bereitschaft diese miteinander zu teilen. Ggf. wird noch die Frage gestellt, in welcher Grundstimmung die Einzelnen nun aus dieser Einheit heraustreten.		

Dieses Kurzformat kann mit verschiedenen Fragen, die sich im beruflichen oder persönlichen Alltag stellen, wiederholt werden. Je nach Thema, sind kleine Änderungen bei der Hinführung zur Fragestellung erforderlich. Im nächsten Entwurf wird exemplarisch die Arbeit mit Motiven aus Psalm 23 unter der Überschrift „Was mich bewegt …" vorgestellt.

2.4. Was mich bewegt ...

Zeit: ca. 35-50 Minuten, in Abhängigkeit von Anzahl der Teilnehmenden

Setting: *geeignet für bspw. Teamgespräche, auch inklusiv*

ZEIT/INHALT	ZIEL	MATERIAL
Ca. 10 Minuten **A1. Begrüßung und Erläuterung des Vorhabens:** Der Psalm 23 wir einmal vorgelesen. Moderator/in erläutert das Vorhaben in für die Gruppe angemessener Sprache. Bspw.: „Diakonische Arbeit ist häufig sehr herausfordernd. Immer ist viel zu tun. Häufig kommen wir deshalb kaum dazu, über uns selber nachzudenken. Das tun wir heute: uns zumindest mal ein wenig Zeit dafür nehmen. In der Bibel gibt es einen sehr bekannten Psalm, der sich dazu eignet: Der Psalm 23. Ich lese ihn gleich einmal vor. Und dann schauen wir uns einen Satz davon näher an und entdecken, was dieser Satz für uns bedeutet. Psalm wird vorgelesen. Heute möchte ich mit Ihnen den ersten Vers betrachten: Der Herr ist mein Hirte, mir wird nichts mangeln.	Hinführung zum Thema	Karten aus Kartenset „Der Herr ist mein Hirte – Neue Blicke auf Psalm 23“ im Online-Shop der Diakonie unter www.shop.diakonie.de und eine beliebige Auswahl an Motivkarten auf dem Tisch oder dem Boden auslegen. Auch andere Symbole sind möglich. Ggf. kann eine gestaltete Mitte (Blume, Tuch, Licht) verwendet werden. Dann sollten die Karten etwas abseits ausgelegt werden. Ggf. Begleitheft

ZEIT/INHALT	ZIEL	MATERIAL
Ich habe mir dabei die Frage gestellt, woran es mir nicht mangelt. Und auf die Arbeit bezogen: • Was kann ich eigentlich besonders gut? • Und was können Sie besonders gut? • An welcher Fähigkeit mangelt es Ihnen nicht? Was bringen Sie als besonderes Merkmal Ihrer Kompetenz ein? Bitte wählen Sie aus, welche Frage/Formulierung zu Ihren Teilnehmenden passt. „Ich weiß, dass es nicht leicht ist, über das zu sprechen, was einem besonders gut gelingt. Also habe ich Karten mitgebracht, vielleicht helfen sie uns auf die Sprünge. Betrachten Sie die mal und schauen, welche zu Ihren Fähigkeiten passt."		
Weitere Themen können in nächsten Veranstaltungen betrachtet werden, die vorgeschlagenen Übertragungen des Psalmtextes sind **fett** gedruckt: • Er weidet mich auf einer grünen Aue und führet mich zum frischen Wasser. Er erquicket meine Seele. – **Wer/was schenkt mir Kraft?**	**Formulierung der eigenen Stärken und Belastungen**	

ZEIT/INHALT	ZIEL	MATERIAL
• Er führet mich auf rechter Straße um seines Namens willen. – **Wo habe ich mich geirrt und habe gerade noch rechtzeitig die Kurve gekriegt?** • Und ob ich schon wanderte im finsteren Tal, fürchte ich kein Unglück; denn du bist bei mir, dein Stecken und Stab trösten mich. – **Wo fühle ich mich sicher?** • Du bereitest vor mir einen Tisch im Angesicht meiner Feinde – **Was ist mir gut gelungen, obwohl niemand an mich geglaubt hat?** • Du salbest mein Haupt mit Öl und schenkest mir voll ein. – **Wer/was tut mir gut? Wem tue ich gut?** • Gutes und Barmherzigkeit werden mir folgen mein Leben lang, und ich werde bleiben im Hause des Herrn immerdar. – **Worauf hoffe ich? Was lässt mich hoffen? Was lässt mich meinen Weg weitergehen?** Dem ausgewählten Thema entsprechend müssen die einleitenden Worte angepasst werden. Die Psalmworte bedienen sich einer für viele Menschen fremden Sprache. Deshalb kann es hilfreich sein, wenn der/die Moderator*in wie hier eine Übertragung der Bedeutung anbietet.		

ZEIT/INHALT	ZIEL	MATERIAL
Ca. 3 Min. **B. Karten betrachten, Situationen erinnern** Die Karten werden betrachtet und die Teilnehmenden aufgefordert, eine (inklusive Variante) oder zwei Karten mitzubringen, die ihnen bei der Beschäftigung mit der gestellten Frage passend vorkommen. Teilnehmende betrachten Karten und verbinden diese mit der Antwort auf die gestellte Frage. Häufig ist es einfacher, mitgebrachte Symbole für sich sprechen zu lassen.	Verbindung des Psalms mit dem eigenen Leben	Karten
Ca. 20 Min. **C. Geschichten teilen** Die Teilnehmenden zeigen der Reihe nach die ausgewählte Karte(n) und erzählen dazu kurz, warum die Karte zu der Antwort auf die gestellte Frage passt. Die/der Moderator*in stellt gezielt Nachfragen oder spiegelt, falls nötig. Bei einer inklusiven Gruppe könnte es nötig sein, die Teilnehmenden zum Reden zu ermutigen und die Gefühle des Erzählenden zu spiegeln. Sollte eine Mitte gestaltet sein, können die ausgewählten Karten dort abgelegt werden, nachdem die jeweilige Geschichte erzählt wurde.	Geschichten miteinander teilen	

ZEIT/INHALT	ZIEL	MATERIAL
Ca. 2 Min. **D. Gesamtbetrachtung und Überleitung zum nächsten Punkt (Teamgespräch o.Ä.)** Der/die Moderator*in bedankt sich für die schönen Geschichten und die Bereitschaft diese miteinander zu teilen. Ggf. wird noch die Frage gestellt, in welcher Grundstimmung die Einzelnen nun aus dieser Einheit heraustreten.	Dank und Wertschätzung	

2.5. ... was ich total toll an dir finde ...

Zeit: ca. 130-150 Minuten

Setting: *geeignet für Gruppen/Teams, die eng miteinander zusammenarbeiten, max. 12 Personen*

ZEIT/INHALT	ZIEL	MATERIAL
09.00 h (5 Min.) **Begrüßung und Erläuterung des Vorhabens:** Zusammenarbeit im Team ist eine Herausforderung. Aber qualitativ hochwertige Arbeit funktioniert nur durch die Bereitschaft zu Kooperation und Kommunikation. Dazu gehört auch ein offener Umgang mit Konflikten. Heute richten wir aber den Fokus darauf, was wir aneinander schätzen.	Hinführung zum Thema	
9.05 h (20 Min.) **Wir als Team** Plenum: Gibt es einen gemeinsamen Leitsatz im Team? Was zeichnet uns aus? Was machen wir als Team besonders gut? Wo werden wir positiv wahrgenommen? Moderator*in: Positivbeschreibungen werden auf Flipchart oder im digitalen Raum dokumentiert im Sinne eines Werbebanners.	Teambuilding	Flipchart oder Whiteboard

ZEIT/INHALT	ZIEL	MATERIAL
9.25 h (Ca. 45 Min.) **Ein Team ist mehr als die Summe einer/s jeden Einzelnen - Lobhudelei** Einzelarbeit: Jede*r schreibt zu jedem/r Teamkollegen/in drei positive Aspekte auf je eine Karte. (Zeitaufwand abhängig von Teamgröße) Plenum: Ergebnisse werden vorgetragen. Moderator*in heftet sie an eine Stellwand in Zuordnung zu den Namen der Teammitglieder. Plenum: Moderator*in: Wenn Sie das hier lesen und hören, wie geht es Ihnen damit? Teammitglieder reagieren auf Positivbeschreibungen. Moderator*in ordnet Reaktionen wertschätzend und deutend ein.	Qualitäten der Teammitglieder werden wertschätzend benannt.	Kartonkarten, Stifte, Stellwand, Nadeln oder digital auf Whiteboard.
10.15 h (40 Min.) **Gesamtbetrachtung** Kleingruppenarbeit 2-3 Personen: Im Vergleich zu Leitsatz von 9.05 Uhr: was beschreibt bei Betrachtung der Flipchart die Qualität unseres Teams nun tatsächlich? Worin sind wir tatsächlich „Spitze“? Mit welchen Worten würde ich es gegenüber Angehörigen, Eltern, rechtlichen Betreuern beschreiben? Gäbe es einen Werbeslogan? (25 Minuten)	Abstraktion: Qualitätsbeschreibung des Gesamtteams	

ZEIT/INHALT	ZIEL	MATERIAL
Plenum: Rückmeldung aus den Gruppen (15 Min)		
10.55 h (15 Min) **Abschluss** Plenum: Was ist mir über unser Team heute deutlich geworden? Was kann ich dazu beitragen, dass unsere Qualität erhalten bleibt und sich weiterentwickelt? Moderator*in sammelt Ideen und Erkenntnisse auf Flipchart. **Ziel: Ergebnissicherung und Beschreibung nächster Schritte, Fokussierung auf Verantwortung eines jedes Einzelnen**	**Zusammenfassung der Ergebnisse, konstruktiv unterstützende Formulierung der Vorhaben bei gleichzeitiger Benennung von Risiken.**	
11.10 h **Ende** Moderator*in formuliert Exzerpte, Ergebnisse und Kernaussagen der Fortbildung. Moderator*in entlässt Mitarbeitende mit passendem Segenswort.		

2.6. Perspektivwechsel

Zeit: ca. 90-120 Minuten

Setting: *geeignet für Gruppen/Teams, die eng miteinander zusammenarbeiten, geeignet auch für teamübergreifende Gruppen*

ZEIT/INHALT	ZIEL	MATERIAL
09.00 h (15 Min.) **Begrüßung** Erläuterung Programm 09.05 h (10 Min.) **Vorstellungsrunde** • Name • Seit wann sind Sie in der Einrichtung? • In welchem Bereich? • In welcher Funktion?	Kennenlernen	
09.15 h (10 Min.) **Bildbetrachtung(en) und Reflexion – Blickwechsel** • Moderator*in stellt Frage ans Plenum: Wer erkennt welche Darstellung? • Moderator*in/Plenum: Alle Darstellungen werden erläutert. • Moderator*in: Man sieht dasselbe Bild, aber nicht die gleichen Darstellungen: Woran könnte das liegen? • Diskussion im Plenum	Perspektivwechsel	William Ely Hill (1887–1962), My wife and my mother-in-law". Im Begleitheft auf S. 11.

ZEIT/INHALT	ZIEL	MATERIAL
• Moderator*in: Es ist eine Frage des Fokus.		
09.25 h (30 Min.) **Übertragung auf Situation im Team/Kollegium** Murmelgruppen je 2-3 Personen 15 Minuten 1.) Kennen Sie soziale Situationen im Arbeitskontext, die von unterschiedlichen Personen vollkommen verschieden gedeutet wurden? (Einzelne berichten) 2. Woran könnte das gelegen haben, welche Haltung steckt dahinter? (Gruppe überlegt gemeinsam) Plenum: Gruppen berichten Situationen und Begründungen	Einbringen der Praxiserfahrung und Reflexion, Erkennen einer Grundhaltung	
09.55 h (20 Min) **Schritt nach vorne:** Welche eigene Haltung würde ich mir für mich wünschen? Zweiergruppe: Was würde meine beste Freundin / mein Partner / meine Nachbarin... mir mit auf den Weg geben? Wo wäre mal ein Perspektivwechsel angesagt? Was bräuchte ich, damit mir der Wechsel gelingen kann?	Die gewonnenen Erkenntnisse auf das eigene Selbst anwenden. Es ist immer einfacher, wenn man andere (Freundin...) über sich sprechen lässt	

ZEIT/INHALT	ZIEL	MATERIAL
10.15 h (15 Min) **Bündelung und Abschluss** Plenum: kurze Rückmeldung aus den Gruppen. Haben Sie eine kluge Freundin…? Einzelarbeit 5 Minuten: Was nehme ich mir vor? Abschlussrunde: Einen kurzen Satz darüber, worauf ich meinen Fokus richten möchte. Moderator*in: Wunsch für die Zukunft formulieren. Ggf. Segenswort zusprechen.	Ein Ergebnis produzieren, was einen das Gute erleben lässt.	

Die Autor*innen

Tobias Kirchhof ist Pfarrer und seit 2019 Referent für diakonische Profilbildung sowie seit 2021 stellv. Direktor bei midi. Davor leitete er das Referat für Seelsorge & Ethik des Evangelischen Johannesstifts SbR, war Studierendenseelsorger an der Europa-Universität Viadrina in Frankfurt/Oder und wissenschaftlicher Mitarbeiter am Lehrstuhl für Ethik der Theologischen Fakultät der Universität Leipzig. tobias.kirchhof@mi-di.de

Anette Kotnik ist Diplom-Psychologin und Psychologische Psychotherapeutin und hat bis Mitte 2020 die Johannesstift-Akademie in Berlin geleitet. Sie arbeitet selbständig als Supervisorin, Psychotherapeutin und Fortbildnerin. anette.kotnik@jsd.de

Niklas Kreppel ist Diakon, Dipl. Sozialarbeiter/Sozialpädagoge (MA) und als Dozent an der Evangelischen Bildungsstätte für Diakonie und Gemeinde in Bielefeld-Bethel tätig. Dort bildet er u.a. Diakoninnen und Diakone aus und ist mit der Entwicklung und Durchführung diakonischer Fort- und Weiterbildungsangebote in den von Bodelschwinghschen Stiftungen Bethel beauftragt. Seine diakonischen Wurzeln liegen in der Eingliederungshilfe und dort in der Arbeit mit Menschen mit Beeinträchtigungen. niklas.kreppel@bethel.de

Kerstin Offermann ist Pfarrerin und arbeitet als Referentin für innovative Bibelmultiplikation bei midi, der Arbeitsstelle für missionarische Kirchenentwicklung und diakonische Profilbildung. Sie ist begeistert davon, dass durch die Bibeltexte immer wieder überraschend Gott redet, und begeistert dafür, mit andern zusammen diese Entdeckung zu machen. kerstin.offermann@mi-di.de

Helke Ricker ist Pastorin und Referentin für diakonische Profilbildung in der Diakonie in Niedersachsen. Seit 2015 bietet sie Seminare für Mitarbeitende in diakonischen Einrichtungen an. Veröffentlichung zum Thema: Helke Ricker, Sinne schärfen – Sinn finden – Sinn stiften. Profilbildung in diakonischen Einrichtungen, Stuttgart, 2019. Zuvor war Helke Ricker im Kirchenkreis Celle als Gemeindepastorin und als religionspädagogische Beratung der evangelischen Kindertagesstätten tätig. Im Lutherjubiläumsjahr 2017 hat sie zusammen mit anderen landeskirchenweit Erzieher*innen zu Lutherbotschafter*innen fortgebildet. helke.ricker@diakonie-nds.de

Weitere Informationen finden Sie auf:
www.mi-di.de/themen/kraftquellen

MIX
Papier aus verantwortungsvollen Quellen
FSC® C117425
www.fsc.org

Bibliografische Information der Deutschen Nationalbibliothek:
Die Deutsche Nationalbibliothek verzeichnet diese Publikation in der Deutschen Nationalbibliografie; detaillierte bibliografische Daten sind im Internet über http://dnb.d-nb.de abrufbar.

Gesamtgestaltung: Grafikbüro Sonnhüter,
www.grafikbuero-sonnhueter.de,
unter Verwendung eines Bildes © Jon Hoekstra / Social Social
Lektorat: Anna Böck
Verwendete Schrift: Minion Pro, GT Walsheim
Gesamtherstellung: Pario Print, Krakau
Printed in Poland
ISBN 978-3-7615-6889-7

www.neukirchener-verlage.de

Neben dem Arbeitsbuch
gibt es ein Begleitheft für die Teilnehmenden:
ISBN 978-3-7615-6888-0

und ein Postkartenset:
„Der Herr ist mein Hirte – Neue Blicke auf Psalm 23"
Zu bestellen unter www.shop.diakonie.de